NIVEL 1

COLECCIÓN **LEER EN ESPAÑOL**

Soñar un crimen

Rosana Acquaroni

SANTILLANA
ESPAÑOL

Universidad
de Salamanca

La colección LEER EN ESPAÑOL ha sido concebida, creada y diseñada por el Departamento de Idiomas de Santillana Educación, S. L.

El libro *Soñar un crimen* es una obra original de *Rosana Acquaroni* para el Nivel 1 de esta colección.

Edición 1991
Coordinación editorial: **Silvia Courtier**

Edición 2008
Dirección y coordinación del proyecto: **Aurora Martín de Santa Olalla**
Actividades: **Nuria Vaquero**
Edición: **Aurora Martín de Santa Olalla, Begoña Pego**

Dirección de arte: **José Crespo**
Proyecto gráfico: **Carrió/Sánchez/Lacasta**
Ilustración: **Jorge Fabián González**
Jefa de proyecto: **Rosa Marín**
Coordinación de ilustración: **Carlos Aguilera**
Jefe de desarrollo de proyecto: **Javier Tejeda**
Desarrollo gráfico: **Rosa Barriga, José Luis García, Raúl de Andrés**
Dirección técnica: **Ángel García**
Coordinación técnica: **Fernando Carmona, Marisa Valbuena**
Confección y montaje: **María Delgado, Antonio Díaz**
Cartografía: **José Luis Gil, Belén Hernández, José Manuel Solano**
Corrección: **Gerardo Z. García, Nuria del Peso, Cristina Durán**
Documentación y selección de fotografías: **Mercedes Barcenilla**
Fotografías: **Archivo Santillana**
Grabaciones: **Textodirecto**

© Rosana Acquaroni Muñoz
© 1991 by Universidad de Salamanca y Santillana, S. A.
© 2008 Santillana Educación
Torrelaguna, 60. 28043 Madrid
En coedición con Ediciones de la Universidad de Salamanca

Dados Internacionais de Catalogação na Publicação (CIP)
(Câmara Brasileira do Livro, SP, Brasil)

Acquaroni, Rosana
 Soñar un crimen / Rosana Acquaroni.
 – São Paulo : Moderna, 2012. – (Colección Leer en Español)

Inclui CD

1. Ficção espanhola I. Título. II. Série.

12-11894   CDD-863

Índices para catálogo sistemático:
1. Ficção : Literatura espanhola   863

En coedición con Ediciones de la Universidad de Salamanca
ISBN: 978-85-16-08284-0
CP: 908876

Reprodução proibida. Art.184 do Código Penal e Lei 9.610 de 19 de fevereiro de 1998.
Todos os direitos reservados.

SANTILLANA ESPAÑOL
EDITORA MODERNA LTDA.
Rua Padre Adelino, 758 — Belenzinho
São Paulo — SP — Brasil — CEP 03303-904
www.santillana.com.br
2019

Impresso no Brasil

Quedan rigurosamente prohibidas, sin la autorización escrita de los titulares del «Copyright», bajo las sanciones establecidas en las leyes, la reproducción total o parcial de esta obra por cualquier medio o procedimiento, comprendidos la reprografía y el tratamiento informático, y la distribución de ejemplares de ella mediante alquiler o préstamo públicos.

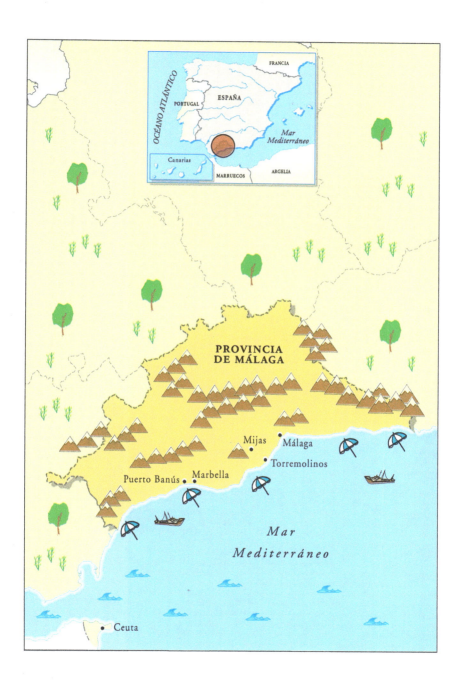

I

15 de octubre de 1982

Fernando, amigo:

No sé cómo empezar. Para mí no es fácil escribir esta carta, pero no puedo seguir así.

Te estoy escribiendo desde una fría habitación de hotel. Un hotel barato en una calle perdida, en un pueblo gris. No sé desde cuándo vivo aquí. ¡Hay tantas cosas que no entiendo...!

Desde mi ventana veo jugar a unos niños en el parque que hay delante del hotel. Los niños corren entre los árboles amarillos, se ríen, parecen contentos... Ahora está empezando a llover. Es una lluvia de otoño, fría y triste. No sé qué día es hoy. No sé qué hora es. No hay relojes para un hombre tan perdido como yo. Tú me conoces bien, Fernando, eres mi mejor amigo. Créeme ahora: estoy en peligro. No salgo a la calle; no veo a nadie. Solo hablo con el camarero del hotel. Él baja todos los días al bar de la esquina y me compra cigarrillos. Estoy fumando demasiado... Nadie sabe dónde estoy y tú no debes buscarme. No puedo volver, es imposible... Estoy perdido en el negro bosque de mis sueños[1].

Los días son largos y las noches más largas todavía. Casi no como. Quiero dormir, olvidar... ¡Poder olvidar...! No quiero otra cosa. Pero no debo soñar[2], no... Todos mis sueños ocurren después y es terrible[3], terrible...

Ahora, no sé... ¿estoy escribiendo esta carta o sueño que escribo? No es fácil saberlo. Por eso escribo mi diario[4], para comprobar[5] que no estoy loco[6].

Los niños se han ido del parque. Llueve, llueve mucho. Está lloviendo sobre los pájaros, en las plazas y en los jardines. La noche llega como una pregunta, una pregunta imposible de contestar.

Fernando, estoy cansado, muy cansado, y no tengo tiempo. Solo te pido una cosa: con esta carta va un paquete. Dentro de él está mi último diario. Es para Laura. Por favor, llévalo a su casa. Es muy importante. No puedo decirte más. Es mejor para todos.

Hasta siempre.

Carlos

Fernando deja la carta encima de la mesa y pasea nervioso por la habitación. Va hacia la cocina y prepara café. Es una tarde fría del mes de octubre. Es domingo y Fernando hoy no trabaja en el hospital. Puede sentarse tranquilo a leer. Vuelve a su habitación y pone música. Ese paquete es para Laura, la mujer de Carlos, y él no debe abrirlo. Pero él quiere saber, debe saber más. Busca sus gafas, baja un poco la música y se sienta. Ese diario es muy importante para él...

II

15 de octubre de 1982

Querida Laura:

Aquí tienes mi último diario. Todo está aquí. No debemos vernos durante un tiempo. Debes esperar.

Yo no estoy bien. Estoy muy lejos de Madrid: lejos de la ciudad, lejos del ruido de las calles, lejos de la gente, de las oficinas..., muy lejos de todo. Con este diario vas a entender muchas cosas. Vas a saber por qué debo hacer todo esto...

Todavía te quiero.

Carlos

DIARIO

15 de agosto

¡Por fin empiezo mis vacaciones! Ya estamos en Marbella Laura y yo, solos, como antes... ¡Parece un sueño! Aquí todo va a ser diferente, seguro. Va a ser como empezar a vivir. Demasiado trabajo. Demasiado tiempo en la oficina. Demasiados días fuera de casa. Muchos viajes. Y tú, mi querida Laura, demasiado tiempo sola.

Ahora lo entiendo. Hay cosas más importantes que el dinero. Solo quiero vivir tranquilo, cerca de Laura.

Sí, hay cosas más importantes que el dinero.

Málaga con su mar azul, sus aguas calientes y claras que rompen sobre la playa. Marbella con sus calles estrechas, sus casas blancas, sus bares... ¡Parece imposible! Aquí vamos a ser felices.

17 de agosto
Laura todavía está en la playa y yo estoy ya en la habitación del hotel. Voy a prepararme una copa y a leer un poco antes de comer. Hace mucho calor y no debo tomar más el sol. No es bueno.
Todas las mañanas vamos a la playa, a una playa pequeña pero muy bonita cerca del hotel. Allí no hay mucha gente. Después comemos en un bar. Hay muchos allí mismo. ¡Cómo me gusta la comida de aquí, sobre todo el pescado! Por las tardes vamos al centro de Marbella. A veces volvemos muy pronto al hotel. Nos gusta mucho escuchar música o leer un buen libro. Otros días cenamos fuera o paseamos por la playa. Prefiero pasear por la playa de noche. Todo está más tranquilo.
Estas vacaciones no quiero teléfonos. Voy a olvidarme de bancos, de números y de oficinas. Dentro de unos minutos voy a bajar a la playa para comer con Laura. Tengo hambre.

19 de agosto
Soy un hombre con suerte. No puede haber una mujer mejor que Laura. Esta noche quiero llevarla a un sitio bonito. Conozco un buen restaurante en Puerto Banús. Le va a gustar mucho, estoy seguro.

20 de agosto
Mañana llega Fernando a Marbella. Viene en coche desde Madrid a pasar una semana con nosotros. Fernando es un gran amigo y un hombre muy divertido. Siempre se está riendo. Él sí sabe vivir... Creo que es el mejor amigo que tengo. También es un buen médico. Recuerdo[7] aquella larga enfermedad[8] de Laura. ¡Casi dos meses en

Rosana Acquaroni Muñoz

Málaga con su mar azul, sus aguas calientes y claras que rompen sobre la playa...
¡Parece imposible!

aquel hospital...! Y yo fuera de España en un viaje de trabajo... Gracias a Fernando... Bueno, pero no quiero recordar malos momentos. Laura lo quiere mucho. Mañana por la noche vamos a cenar con él. Después hay una fiesta en la playa.

21 de agosto
No comprendo qué ha pasado esta noche...

Fernando y yo estábamos en un restaurante de Puerto Banús, pequeño pero muy bueno. Estábamos esperando a Laura para cenar. El restaurante estaba lleno. En el bar, entre la gente, había una mujer alta, muy rubia, con gafas de sol. Llevaba un vestido muy raro, como de otro tiempo. Un vestido de los años sesenta, largo y muy estrecho, de color gris y azul. La mujer me miraba todo el tiempo...

Ahora son las tres de la mañana. Laura está dormida. Yo no puedo dormir. No puedo olvidar aquellas gafas, aquel vestido, aquel pelo rubio... Ese vestido me recuerda algo. Creo que conozco a esta mujer pero no sé de dónde. Estoy nervioso y no sé por qué.

Voy a bajar a la playa para pasear un poco.

22 de agosto
Hoy no voy a salir. Prefiero quedarme[9] en el hotel y dormir un poco. Estoy nervioso. No sé qué me pasa. Ayer por la noche, en la playa, ¡qué raro...!, estaba esa mujer...

Estoy muy cansado. No he podido dormir en toda la noche. Laura está enfadada. Dice que casi no hablo con ella. No puede entender nada. Esta tarde va a ir con Fernando al centro a ver unas tiendas.

24 de agosto
Hoy vamos a pasar el día en Mijas. Es un pueblo blanco cerca de Marbella, a veinte kilómetros de aquí. Yo no lo conozco, pero Fernando dice que es muy bonito. Tiene la plaza de toros más pequeña de España. Todas sus casas son blancas y sus calles muy estrechas. Me va a gustar.

25 de agosto

No lo entiendo. Ayer, en Mijas, estaba aquella mujer. Es como un mal sueño. ¿Qué quiere de mí? ¿Me está buscando? ¿Por qué la veo siempre? Todo esto es muy raro. No sé quién es, pero verla me pone muy nervioso.

Son las cuatro de la mañana y no puedo dormir. Cierro los ojos y veo a esa mujer entre sueños. Laura quiere llamar a Fernando. Dice que él puede darme algo para dormir. A mí me parece demasiado tarde. Laura lo llama por teléfono a su habitación. Pocos minutos después llega Fernando con unas pastillas[10]. Es una suerte tener un amigo médico tan cerca.

Fernando sonríe. Carlos, ¡cuánto tiempo sin saber nada de ti! El café está frío y Fernando se prepara una copa. La tarde se está acabando, y él está muy cansado, cansado de leer, cansado de recordar.

27 de agosto

Hoy parece que estoy mejor, más tranquilo. Con las pastillas de Fernando duermo muy bien. Voy a bajar a la playa. Quiero ver el mar.

29 de agosto

No me gusta. No me gusta todo esto. Veo a esa mujer del vestido azul y gris en todos los sitios: en la playa, en el centro de Marbella, en las esquinas, en los bares, dentro de las tiendas, cerca del hotel... Ella siempre está allí. Fernando y Laura no saben nada. Ellos no la ven. Están tranquilos y no les quiero decir nada. ¿Para qué?

31 de agosto

Las vacaciones pasan muy rápido. Laura y Fernando quieren ir al cine esta noche. Hay un bonito cine de verano en Torremolinos, a una hora de Marbella.

Yo prefiero quedarme en el hotel. No me gusta la película y tengo mucho sueño.

Las cinco de la mañana y Laura y Fernando no vuelven. Tengo sed, mucha sed, y las manos frías. No puedo dormirme. Oigo ruidos muy raros. Cierro los ojos y veo a la mujer del restaurante. Quiere decirme algo, lo sé. Creo que voy a tomar otra pastilla.

Tengo demasiado calor. Voy a abrir la ventana. El mar parece un jardín de agua. Un jardín negro, muerto, sin música...

Ahora, frío, tengo frío. Mis ojos se cierran poco a poco. Es la pastilla.

¿Estoy soñando ya? Veo paredes azules y escaleras que llevan al mar. Sí, estoy soñando, pero mis ojos todavía están abiertos. No puede ser... En la pared, delante de mi cama, como en una película veo...

Sí, sí, soy yo... Soy yo a los diecisiete años... 1969. Voy con Beatriz en un coche rojo... Es el viejo Seat de mi padre. Es su coche, estoy seguro... Mi padre no quiere dejarnos el coche. Tengo sed. Un mar naranja con escaleras y dentro del mar veo..., veo a Beatriz, mi primera novia[11]. Está a mi derecha, en el coche. Es de noche. Es el verano de 1969. La noche del accidente. No puedo olvidar esa noche. Hace calor, mucho calor... «Beatriz, estás muy guapa» –le digo–. Ella se ríe. Vamos a una fiesta en casa de unos amigos. Mi padre no quiere dejarnos el coche, pero nosotros vamos a cogerlo. Esperar. «Debemos esperar, Beatriz.»

Relojes negros sobre las aguas del mar... Tictac, tictac... Tengo sed. Tictac... Abro los ojos. ¿Dónde estoy?

«Ya podemos salir. Mi padre duerme.» Subimos al coche. Es fácil. Tengo las llaves. ¡Qué divertido! Somos muy jóvenes... 1969. Beatriz pone un poco de música. Los dos cantamos y reímos. Va a ser una fiesta muy divertida. «Bea, déjame, no debes jugar así... Déjame, es peligroso...» Ella se ríe, se ríe... Aquella mujer, su pelo rubio... Está con una niña pequeña en medio de la calle. No nos ve, vamos muy rápido... Tictac, tictac. Parar, parar ahora. La mujer está

Rosana Acquaroni Muñoz

Parar, parar ahora. La mujer está en el suelo, su vestido azul y gris roto. Y la niña, ¿dónde está?

en el suelo, su vestido azul y gris roto. Y la niña, ¿dónde está? No la veo. «Sigue Carlos, sigue, no debemos parar... Tu padre... No debemos parar... La policía...» Seguimos. Más, mucho más rápido...

1 de septiembre
No puede ser. El sueño de esta noche... Ahora empiezo a entender. Aquella mujer del restaurante es Carmen, Carmen Alba. Pero no, no puede ser, es imposible, Carmen está muerta. ¿Y su hija, aquella niña pequeña...? Carmen está muerta desde 1969. Lo sé muy bien. Todavía recuerdo aquel periódico: «Terrible accidente. Carmen Alba, una mujer de veintinueve años, ha muerto atropellada[12] por un coche. Su hija de once años está en el hospital. La policía busca al culpable[13] del accidente».

2 de septiembre
Ya he tomado el desayuno, pero no quiero salir de la cama. Laura está en la playa con Fernando. No ha querido esperarme. Estoy cansado, muy cansado. Alguien llama por teléfono. No, no es un sueño. Tengo los ojos bien abiertos y estoy oyendo el teléfono.
–Carlos Álvarez Soto, por favor.
–Sí, soy yo. ¿Quién habla?
–Lo espero a la una en el café «El Cairo».
Estoy escribiendo desde el café «El Cairo». Es la una de la tarde. Hace un bonito día de sol. Mucha gente en la calle. Estoy esperando a Carmen, sí, a Carmen Alba. Por fin voy a saber quién es, qué quiere y por qué me busca. Ya son las dos y media y Carmen no viene. Pido otro café y cierro los ojos. Estoy cansado de todo esto. Es demasiado para mí. Laura, mi pequeña Laura, lo siento. Te pido perdón por dejarte sola. Eres tan buena... Estás todavía enfadada, ¿no es así? Ya lo sé, no entiendes qué está pasando. Ya está aquí el café. Alguien me llama y yo abro los ojos. Es una mujer. Lleva gafas de sol y, sí, aquel vestido azul y gris... Carmen está en la esquina,

Rosana Acquaroni Muñoz

Parar, parar ahora. La mujer está en el suelo, su vestido azul y gris roto. Y la niña, ¿dónde está?

en el suelo, su vestido azul y gris roto. Y la niña, ¿dónde está? No la veo. «Sigue Carlos, sigue, no debemos parar... Tu padre... No debemos parar... La policía...» Seguimos. Más, mucho más rápido...

1 de septiembre
No puede ser. El sueño de esta noche... Ahora empiezo a entender. Aquella mujer del restaurante es Carmen, Carmen Alba. Pero no, no puede ser, es imposible, Carmen está muerta. ¿Y su hija, aquella niña pequeña...? Carmen está muerta desde 1969. Lo sé muy bien. Todavía recuerdo aquel periódico: «Terrible accidente. Carmen Alba, una mujer de veintinueve años, ha muerto atropellada[12] por un coche. Su hija de once años está en el hospital. La policía busca al culpable[13] del accidente».

2 de septiembre
Ya he tomado el desayuno, pero no quiero salir de la cama. Laura está en la playa con Fernando. No ha querido esperarme. Estoy cansado, muy cansado. Alguien llama por teléfono. No, no es un sueño. Tengo los ojos bien abiertos y estoy oyendo el teléfono.
—Carlos Álvarez Soto, por favor.
—Sí, soy yo. ¿Quién habla?
—Lo espero a la una en el café «El Cairo».
Estoy escribiendo desde el café «El Cairo». Es la una de la tarde. Hace un bonito día de sol. Mucha gente en la calle. Estoy esperando a Carmen, sí, a Carmen Alba. Por fin voy a saber quién es, qué quiere y por qué me busca. Ya son las dos y media y Carmen no viene. Pido otro café y cierro los ojos. Estoy cansado de todo esto. Es demasiado para mí. Laura, mi pequeña Laura, lo siento. Te pido perdón por dejarte sola. Eres tan buena... Estás todavía enfadada, ¿no es así? Ya lo sé, no entiendes qué está pasando. Ya está aquí el café. Alguien me llama y yo abro los ojos. Es una mujer. Lleva gafas de sol y, sí, aquel vestido azul y gris... Carmen está en la esquina,

detrás de la plaza. No puede irse, debo hablar con ella. Corro, corro entre los coches. Ella también corre. Casi no la veo. Solo veo su pelo rubio entre la gente. Entra en un portal y la puerta se cierra. No puedo abrir, no tengo la llave. No sé dónde estoy...

¿Es esto también un sueño?

12 de septiembre

Hace un día muy bonito. La mañana está muy clara. Laura va a ir al banco y yo debo escribirle unas cartas. Escribo, escribo..., Laura me dice qué debo escribir. «Carlos Álvarez Soto/Carlos Álvarez Soto/Carlos Álvarez Soto...»

13 de septiembre

Tomo muchas pastillas. Estoy mucho peor. No sé quién soy. No sé dónde estoy. Fernando quiere volver pronto a Madrid, este fin de semana. Tiene trabajo en el hospital. Laura no está. Hoy también va al banco... No sé por qué. Me encuentro tan solo...

Después de mi último sueño, lo veo todo más claro. Carmen vive, sí, no estoy loco. Pero ¿por qué me busca? No, Carmen no está muerta. ¿O vive solo en mis sueños? No puede ser. Yo no estoy loco, no estoy loco... Debo hacer algo. Esto puede ser peligroso. Vamos a irnos de aquí, a volver a Madrid... Pero yo debo esconderme durante un tiempo. Después yo...

13 de octubre

Va a haber un crimen, lo sé, pero no sé cuándo. Hay una mujer en peligro. Yo no sé dónde estoy.

Estoy soñando otra vez. Es medianoche. Yo voy en coche y no veo bien. Es una noche de lluvia. Voy a encontrarme con alguien, pero no sé con quién. Dejo el coche cerca de una pequeña plaza. Tengo la llave de una casa gris con las ventanas grandes. Tengo la llave, la llave de la casa. Entro en el viejo portal. Subo por la escalera hasta el tercer piso. Abro con la llave y entro en la casa. Hay una mujer dentro. No me

Soñar un crimen

espera. Está en el cuarto de baño. Mis manos están frías, muy frías, pero yo estoy tranquilo. La mujer está preparando un baño caliente. No puedo ver sus ojos. Ya estoy detrás de ella. El agua corre por el baño y yo oigo el ruido de la lluvia en la ventana. No puedo ver sus ojos. No sé muy bien por qué busco a esa mujer. Ella no me oye entrar en el cuarto de baño. Hay un vestido azul y gris encima de la silla. El agua corre. Mis manos buscan el cuello caliente de la mujer, su cuello blanco, largo... Mis manos, mis dos manos, buscan su cuello... Ella no puede hacer nada. Más, más, un poco más... Tengo entre mis manos su cuello blanco. Está roto, está muerta... El agua caliente corre por las habitaciones. Olvidar, ahora, por fin, puedo olvidar...

La mujer está preparando un baño caliente. No puedo ver sus ojos. No sé muy bien por qué busco a esa mujer.

III

Fernando pasea nervioso por la habitación. Tiene frío. Deja el diario encima de la mesa y toma el teléfono para llamar a Laura.
—Laura, querida, soy Fernando.
—Hola, Fernando. ¿Sabes algo nuevo?
—Sí. He recibido una carta de Carlos y su diario. Ya podemos estar tranquilos, querida. Tu marido está loco. Mis pastillas...
—Pero ¿dónde está?
—No lo sé. No lo dice. Tu marido no sabe si sueña o vive. Es terrible. Está fuera del tiempo.
—He esperado este momento durante años...
—Tienes las cartas que escribió tu marido en Marbella, ¿no? Mañana mismo debes ir al banco y sacar todo el dinero. Espera, voy a buscar el diario. Quiero leerte su último sueño. Es muy raro.
—No, Fernando, por favor. No quiero saber nada más de él. Rómpelo. Bueno, Fernando, mañana nos vemos. Ahora estoy muy cansada. Adiós, te quiero.
—Adiós, Laura. Hasta mañana. Yo también te quiero.

IV

    Laura está muy contenta. Por fin ya puede vivir como quiere, con Fernando y con el dinero de Carlos. ¡Cómo quiere a Fernando! Desde siempre... Ahora va a dormir, pero antes quiere tomar un buen baño caliente. Mañana no va a ser un día fácil. Tiene muchas cosas que hacer...
    Entra en el cuarto de baño y abre el agua caliente. Deja correr el agua y cierra la ventana. Está lloviendo. Casi no hay gente en la calle.
    Encima de una silla están el viejo vestido gris y azul, la peluca[14] rubia y las gafas. Laura sonríe. Ahora, por fin, va a poder olvidar. Va a olvidar esa noche de hace ya trece años, la noche en que murió su madre: «Una mujer muere atropellada por un coche. Su hija de once años está en el hospital... La policía busca al culpable del accidente...». Sí, ella también lo ha buscado, por todos los pueblos y ciudades, hasta encontrarlo... Y luego..., dos años casada con él, dos largos años sin pensar en otra cosa que en la venganza[15]. Pero ahora, por fin, ha llegado el momento. Ahora Carlos está solo, loco, como muerto... «Carmen Alba y su hija...», «atropellada...», «Carmen Alba, Carmen Alba...», «atropellada...».
    El agua caliente hace mucho ruido. Por eso Laura no oye a Carlos entrar en la casa con su llave. Es una mujer con suerte. Ahora va a tener mucho dinero. El agua caliente sigue abierta. Laura deja su ropa

encima de la cama y vuelve al baño. Es una mujer guapa. Tiene el cuello largo y muy blanco..., sí, muy blanco.

Llueve. Está lloviendo sobre los pájaros, en las plazas y en los jardines. Es una lluvia de otoño fría y triste. Ya es casi de noche y no hay nadie en las ventanas. Nadie ve cómo muere Laura. El agua caliente corre ahora por las habitaciones. Encima de la silla está el viejo vestido gris y azul.

ACTIVIDADES

Antes de leer

1. Anticipa algunos elementos del relato. Para ello, antes de leer, fíjate en:
   - El título del libro.
   - La ilustración de la cubierta.
   - Las ilustraciones del interior del libro.
   - Las fechas de los fragmentos del diario que se incluyen en el libro.
   - Las cartas que se incluyen en el libro (la persona a la que van dirigidas y la persona que las firma).

   ¿Qué sabes ya de la historia que se cuenta en *Soñar un crimen*? Escribe V si son verdaderas o F si son falsas las siguientes afirmaciones.
   a. En la historia muere una mujer asesinada. ☐
   b. En la historia mueren dos hombres. ☐
   c. La historia tiene lugar en 1982. ☐
   d. La historia tiene lugar en 2007. ☐
   e. Parte de la historia transcurre en Andalucía, en la provincia de Málaga. ☐
   f. Los protagonistas de la historia viven en el norte de España. ☐
   g. Puerto Banús, Marbella, Mijas, Torremolinos y Málaga son lugares que están relacionados con los personajes de la historia. ☐
   h. Los protagonistas de la historia son Carlos, Fernando y Laura. ☐
   i. Los protagonistas de la historia son Javier, Mónica y Roberto. ☐

ACTIVIDADES

j. Parte de los hechos que se cuentan ocurren en verano. ☐
k. En la historia una mujer muere en un accidente de tráfico (un atropello) ☐
l. Los protagonistas de la historia pasan unos días de vacaciones en las playas de Málaga. ☐
m. En sus vacaciones los protagonistas de la historia hacen un viaje a África. ☐
n. Los protagonistas de la historia tienen entre 15 y 20 años. ☐

2. Estos son los protagonistas de *Soñar un crimen*. ¿Qué relación puede existir entre ellos?

marido de…	esposa de…	amigo de la pareja
hermano de…	amante de…	padre de…
cuñada de…	amiga de…	madre de…

Carlos	Laura	Fernando
Desarrolla su actividad profesional en el mundo de la empresa	No se conoce su profesión, parece que no trabaja	Médico
	Papel en la historia	

3. Lee los siguientes titulares. ¿Cuál crees que puede estar relacionado con la historia de *Soñar un crimen*?

Muere otra mujer a causa de la violencia de género

Solo 1 de cada 2,5 matrimonios de parejas españolas supera los 10 años de convivencia

Terrible accidente. Carmen Alba, de veintinueve años, muere atropellada

Soñar un crimen

4. *Soñar un crimen* transcurre en lugares de Andalucía. Observa las fotografías y relaciónalas con los comentarios que se hacen de los siguientes lugares en el relato.

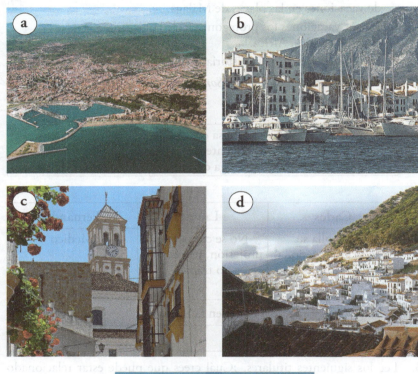

ACTIVIDADES

a. «Mijas, un pueblo blanco.»
b. «Torremolinos, a una hora de Marbella.»
c. «Málaga con su mar.»
d. «Marbella con sus calles estrechas, sus casas blancas.»
e. «Un sitio bonito… (…) Puerto Banús.»

5. 1 *Soñar un crimen* comienza con una carta. Escucha el principio del capítulo I y después elige la opción correcta.
   a. Es la carta de un asesino que confiesa su crimen.
   b. Es la carta de un hombre que hace una declaración de amor.
   c. Es la carta de un hombre que se siente confundido y desorientado porque no sabe distinguir la realidad de los sueños.

Durante la lectura

Capítulo I

6. 1 Antes de leer el capítulo, escúchalo e intenta responder a las preguntas.

¿Qué le cuenta Carlos a su amigo Fernando en la carta que le escribe?
a. Le dice que está en peligro, que unas personas lo persiguen.
b. Le cuenta sus vacaciones y cómo emplea su tiempo libre.
c. Le dice que le manda un paquete para Laura.

¿Qué hay en el paquete?
d. Muchos libros y documentos de trabajo.
e. El diario de Carlos.
f. Muchas cartas para Laura, la mujer de Carlos.

Carlos ha escrito el diario para una persona, pero… ¿quién lo va a leer?
g. Lo ha escrito para Fernando y lo lee Fernando.
h. Lo ha escrito para Laura y lo lee Laura.
i. Lo ha escrito para Laura y lo lee Fernando.

23

Soñar un crimen

7. Ahora lee el capítulo I y comprueba tus respuestas.
8. ¿Cómo se siente Carlos? Fíjate en estos extractos de su carta. Relaciónalos con la información del recuadro gris.

En su diario ha escrito…	Sus palabras explican cómo se siente
a. «Un hombre tan perdido como yo.» b. «Estoy en peligro.» c. «No veo a nadie. No salgo a la calle.» d. «Estoy perdido en el negro bosque de mis sueños.» e. «Por eso escribo mi diario, para comprobar que no estoy loco.»	1. Se siente confundido por sus sueños y obsesiones. No sabe distinguir la realidad de los sueños. 2. Está decidido a demostrar que no está loco. 3. Está aislado, incomunicado casi de todo el mundo. No habla ni ve casi a nadie. 4. Se siente amenazado. Siente que le puede ocurrir una desgracia. 5. Se siente desorientado, sin saber qué hacer.

Capítulo II

Fragmentos del diario: 15 de octubre-20 de agosto

9. **2** Escucha estos fragmentos del diario de Carlos y señala si las siguientes afirmaciones son verdaderas o falsas. Corrígelas si son falsas.

	V/F	Lo cierto es
a. Laura y Carlos pasan unos días en Madrid.		
b. Carlos trabaja mucho durante las vacaciones.		
c. Carlos quiere aprovechar las vacaciones para estar todo el tiempo posible con Laura.		
d. Fernando es el médico de la familia.		
e. Carlos tiene problemas para dormir y Fernando le receta unas pastillas.		

ACTIVIDADES

10. Ahora lee los fragmentos del diario (15 de octubre-20 de agosto) y comprueba tus respuestas.

Fragmentos del diario: 21-25 de agosto

11. (3) Escucha estos fragmentos del diario de Carlos. En ellos se describe a una mujer. Relaciona algunas de las siguientes informaciones con ella. Marca sus rasgos y características.

pelo corto	alta	ojos azules	estilo de vestir años sesenta	vestido azul y gris
pelo rubio	estilo de vestir muy elegante	gafas de sol	ropa negra	pelo moreno

12. Ahora lee los fragmentos del diario (21-25 de agosto) y comprueba tus respuestas.

13. Carlos ve a la mujer misteriosa en tres lugares distintos. ¿Está solo o acompañado cuando la ve? Relaciona la siguiente información.

Lugares donde ve a la mujer	¿Solo o acompañado?
a. En el bar del restaurante. b. En la playa. c. En Mijas.	1. Está solo. 2. Está con Laura y Fernando. 3. Está con Fernando esperando a Laura. 4. No se sabe.

Fragmentos del diario: 27-31 de agosto

14. (4) Fíjate en la ilustración de la página 13. Escucha estos fragmentos del diario (27-31 de agosto) y contesta a las preguntas.

   a. ¿Quién es esa mujer?
   b. ¿Qué relación tiene con Carlos?

25

Soñar un crimen

15. Ahora lee los fragmentos del diario (27-31 de agosto) y comprueba tus respuestas.

16. ¿Cuál de estos textos resume mejor el contenido de los fragmentos del diario que has leído? Complétalos primero y, después, elige el correcto.

a. Fernando se _____ (ser/estar) volviendo loco. Ve a una mujer rubia en todas partes. Está convencido de que conoce a esa mujer, pero no sabe quién es. Una noche tiene un sueño. Él va conduciendo un coche y _____ (ser/estar) con su novia Beatriz. Van muy rápido y atropellan a la mujer rubia, y se bajan del coche para ayudarla. Pero la mujer no _____ (ser/estar) bien, parece que _____ (ser/estar) muerta. Solo ven a una niña pequeña que sale corriendo.

b. Carlos está más tranquilo gracias a las pastillas de Fernando, pero continúa viendo a la mujer extraña que _____ (ser/estar) en todas partes. Una noche que Fernando y Laura _____ (ser/estar) en el cine en Torremolinos y que él no puede dormir, ve en la pared de su habitación una escena que le trae viejos recuerdos. _____ (ser/estar) 1969. Él _____ (ser/estar) con una antigua novia, conduciendo el coche de su padre. Van riéndose y escuchando la música muy alta. Tienen un accidente. Atropellan a una mujer joven y a su hija. La mujer _____ (ser/estar) en el suelo y la niña ha desaparecido. No paran el coche y huyen por miedo a la policía.

ACTIVIDADES

Fragmentos del diario: 1-13 de septiembre

17. 🔴5 Escucha estos fragmentos del diario de Carlos. En ellos hay información para poder completar esta ficha policial sobre el atropello de una mujer en 1969.

EXPEDIENTE 28/1969   AÑO: 1969

CASO: *Accidente de tráfico. Atropello.*

N.º de víctimas y nombre de las mismas y otros datos que se conozcan (edad): _____

Tipo de daño causado a las víctimas: _____

Causa del accidente: _____

Circunstancias de los hechos: _____

Sospechoso: _____

---

18. Ahora lee los fragmentos del diario (1-13 de septiembre) y comprueba tus respuestas.

19. Responde a estas preguntas.

  a. El 2 de septiembre Carlos recibe una extraña llamada de teléfono. ¿Quién lo llama?

  b. Carlos ha quedado en el café «El Cairo» con una mujer. ¿Con quién? ¿Consigue ver y hablar con esa persona?

  c. Carlos tiene problemas para diferenciar entre los sueños y la realidad. ¿Crees que la llamada de teléfono y la cita en el café «El Cairo» han ocurrido realmente o son un sueño de Carlos? ¿Por qué?

  d. ¿Crees que Carmen Alba está viva realmente o es un personaje de los sueños de Carlos? ¿Qué piensa Carlos sobre ella? ¿Por qué?

Soñar un crimen

Fragmento del diario: 13 de octubre

20. 🔴 6 Escucha este último fragmento del diario de Carlos en el que se describe uno de sus sueños. Escribe una V si son verdaderas o una F si son falsas las siguientes afirmaciones.

   a. Es de día. ☐
   b. Es de noche. ☐
   c. Hace un día soleado. ☐
   d. Llueve. ☐
   e. El asesino llega a la casa de la víctima en coche. ☐
   f. El asesino está dentro de la casa de la víctima cuando esta llega del trabajo. ☐
   g. El asesino entra por la ventana a la casa de la mujer. ☐
   h. El asesino tiene llaves de la casa donde vive la mujer que va a matar. ☐
   i. La mujer se va a bañar cuando el asesino entra en la casa. ☐
   j. La mujer está durmiendo cuando el asesino entra en la casa. ☐
   k. El asesino mata a la mujer de un disparo. ☐
   l. El asesino coge a la mujer por el cuello y la mata. ☐

21. Ahora lee el fragmento del diario (13 de octubre) y comprueba tus respuestas.

22. En el texto aparece un dato importante que puede ayudar a interpretar el sueño. ¿Qué relación crees que tiene este dato con el resto de la historia? ¿Quién es la mujer que aparece en el sueño de Carlos?

   «Hay un vestido azul y gris encima de la silla.»

ACTIVIDADES

23. ¿Cómo te explicas este sueño de Carlos? Puede haber más de una respuesta correcta.

   a. Carlos está obsesionado por la muerte de Carmen Alba. Se sabe culpable de su muerte. Está arrepentido de no haber detenido el coche para socorrerla.

   b. Carlos quiere olvidar esa historia de su pasado. Por eso mata a Carmen Alba en el sueño.

   c. Carlos necesita liberarse de esa mujer que lo persigue. Por eso sueña que la mata y que ella deja de ser un problema para él.

   d. Otra:
   _____

Capítulo III

24. 7 Escucha este capítulo. Presta atención y completa el siguiente diálogo entre Fernando y Laura. Es importante para comprender el final de la historia.

   –(…) Tu marido no sabe si _____ o _____ . Es _____. Está fuera del tiempo.

   – _____ este momento durante años.

25. Ahora lee el capítulo y comprueba tus respuestas. ¿Qué revelan esas palabras de Laura? ¿Quiere a Carlos? ¿Cuáles son sus sentimientos hacia él? ¿Por qué crees que reacciona de esa forma cuando Fernando le confirma que Carlos está loco?

Soñar un crimen

26. En este capítulo se descubre la verdadera relación entre los personajes de la historia. Completa el gráfico de este triángulo amoroso.

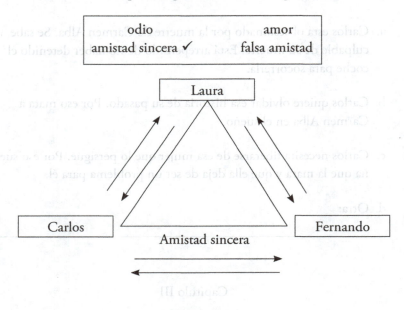

Capítulo IV

27. 🔘 8 Escucha solo los primeros segundos de este capítulo. ¿Qué crees que va a pasar? Recuerda que estamos leyendo la historia de un crimen.

   a. Carlos va a morir.
   b. Laura va a morir.
   c. Fernando va a morir.

28. Ahora lee el capítulo y comprueba tu respuesta.

29. ¿Quién es realmente Laura? Puede haber más de una respuesta cierta.

   a. Carmen Alba.
   b. La hija de Carmen Alba.
   c. La mujer de Carlos desde hace dos años.

30. Selecciona de esta lista los hechos que ocurren en este capítulo. Luego ordénalos.

Orden		Ocurre
	a. Laura habla por teléfono con Carlos.	
	b. Laura ha dejado en una silla el vestido de color gris y azul. Con ese vestido se disfrazaba para volver loco a Carlos.	
	c. Carlos quiere entrar en casa de Laura y llama a la puerta.	
	d. Carlos mata a Laura.	
	e. Laura no abre la puerta a Carlos y este entra por la ventana.	
1	f. Laura va a tomar un baño caliente.	✓
	g. Laura está dormida y soñando. Sueña que Carlos la mata.	
	h. El agua de la bañera se sale y moja el suelo de toda la casa.	
	i. Carlos entra en la casa de Laura. Abre con sus llaves.	
	j. Carlos entra y se queda dormido en la casa de Laura. Sueña que mata a Laura.	
	k. Carlos descubre a Laura muerta, en el baño.	
	l. Laura va a darse una ducha.	
	m. Laura llama a la policía.	
	n. Laura oye entrar a Carlos en la casa.	
	ñ. Fernando mata a Laura.	

Soñar un crimen

Después de leer

31. En el último capítulo de la historia se dice de Laura: «Es una mujer con suerte». ¿Estás de acuerdo? Completa estas afirmaciones para justificar que, en realidad, ocurre todo lo contrario. Utiliza los verbos en el tiempo adecuado: pretérito perfecto (*he comido*) o pretérito indefinido (*comí*).

> salir - costar - tener - morir - parar - conquistar - perder - vivir - encontrar - casarse - intentar - engañar

   a. Laura no _____ mucha suerte en la vida.

   b. A los once años _____ a su madre en un accidente de tráfico. Su madre _____ atropellada por un conductor que no _____ para socorrerla.

   c. _____ siempre con una idea: vengar la muerte de su madre.

   d. La policía nunca _____ al responsable de la muerte de su madre, pero ella sí.

   e. Por eso, lo _____, lo _____ y _____ con él. Durante dos años _____ volverlo loco para vengarse y quedarse con su dinero.

   f. Pero algo le _____ mal a Laura. La locura de su marido le _____ a ella la vida.

32. ¿Y Carlos y Fernando crees que son personas afortunadas? ¿Por qué? Con tus compañeros busca argumentos que puedan justificar tu respuesta. Tomad como modelo los de la actividad anterior.

33. Los tres personajes de *Soñar un crimen* son culpables y víctimas de su destino. ¿Cuál crees que es más inocente? ¿Por qué? Discute sobre ello con tus compañeros.

ACTIVIDADES

34. Imagina un final más amable para la historia. Con dos o tres compañeros haz tu propuesta. Después, elegid entre todos la mejor de las que se presenten en la clase.

35. En *Soñar un crimen*, un sueño de Carlos se hace realidad. ¿Has soñado alguna vez algo que después ha ocurrido? ¿Y tus compañeros? ¿Y alguien que conozcáis? Hablad sobre ello.

36. ¿Qué sueño te gustaría ver cumplido en la realidad? Piensa en ello, y describe el sueño. Escríbelo, a lo mejor se cumple.

SOLUCIONES

1. a. V. b. F. c. V. d. F. e. V. f. F. g. V. h. V. i. F. j. V. k. V. l. V. m. F. n. F.

2. Carlos es el marido de Laura. Laura es la esposa de Carlos. Fernando es amigo de la pareja. Fernando es el amante de Laura. Laura es la amante de Fernando.

3. Terrible accidente. Carmen Alba, de veintinueve años, muere atropellada.

4. a. Málaga. b. Puerto Banús. c. Marbella. d. Mijas. e. Torremolinos.

5. c.

6. c, e, i.

8. a → 5, b → 4, c → 3, d → 1, e → 2.

9. a. F (pasan unos días de vacaciones en Málaga); b. F (Carlos se olvida del trabajo durante las vacaciones); c. V; d. F (Fernando es amigo de Laura y el mejor amigo de Carlos); e. V.

11. alta, estilo de vestir años sesenta, vestido azul y gris, pelo rubio, con gafas de sol.

13. a → 3, b → 1, c → 4.

14. a. Es la mujer rubia que Carlos ve en todas partes. Fue atropellada por un coche en 1969. b. Carlos fue quien atropelló a esa mujer en 1969.

16. a. está/está/está/está; b. está/están/es/está/está. El mejor resumen es el *b*.

17. N.º de víctimas y nombre de las mismas y otros datos que se conozcan (edad): Dos víctimas, Carmen Alba (29 años) y su hija (11 años).

SOLUCIONES

Tipo de daño causado a las víctimas: Muerte de la madre y lesiones a la hija.

Causa del accidente: Atropello.

Circunstancias de los hechos: La madre y la hija fueron atropelladas por un coche que circulaba con exceso de velocidad y que se dio a la fuga.

Sospechoso: No hay pistas. La persona que conducía el coche no se detuvo.

19. a. No se identifica, pero Carlos cree que es Carmen Alba quien lo ha llamado. b. Carlos ha quedado con una mujer que cree que es Carmen Alba. Ella lo llama desde una esquina, él la ve, pero no consigue hablar con ella porque esta desaparece. Él la ve entrar en un portal. c. Han ocurrido realmente. Carlos recoge estas citas en su diario precisamente para demostrar que no está loco y que lo que le está pasando ocurre realmente. d. Carmen Alba es un personaje enigmático. El misterio de la historia es precisamente ese: no desvelar al lector si el personaje es real o si es un fantasma que ha vuelto del pasado. Carlos está muy confundido. Está convencido de que ve a la mujer rubia, pero no encuentra a todos esos hechos una explicación lógica, por eso a veces piensa que se está volviendo loco.

20. a. F. b. V. c. F. d. V. e. V. f. F. g. F. h. V. i. V. j. F. k. F. l. V.

22. La mujer que aparece en el sueño de Carlos es la misteriosa mujer rubia que se le aparece en todas partes. Lo sabe porque lleva el mismo vestido de color gris y azul. Por tanto, en el sueño Carlos ve que mata a Carmen Alba.

24. sueña/vive/terrible/He esperado.

25. Laura no quiere a Carlos. De hecho tiene un amante, Fernando, con el que lo engaña. Está feliz de que Carlos esté loco. De esta manera puede quedarse con su dinero y marcharse con Fernando.

26. Laura siente odio por Carlos y amor por Fernando. Carlos siente amor por Laura y amistad sincera por Fernando. Fernando siente amor por Laura y falsa amistad por Carlos.

27. b.

29. b y c.

30. 1. f. 2. b. 3. i. 4. d. 5. h.

31. a. ha tenido. b. perdió/murió/paró. c. Ha vivido. d. encontró (o ha encontrado). e. engañó/conquistó/se casó/intentó (o ha intentado). f. salió/costó (o ha costado).

NOTAS

Estas notas proponen equivalencias o explicaciones que no pretenden agotar el significado de las palabras o expresiones siguientes, sino aclararlas en el contexto de *Soñar un crimen*.

m.: masculino, *f.:* femenino, *inf.:* infinitivo.

Soñar un crimen: imaginar que una persona mata a otra.

[1] **sueños** *m.:* imágenes, historias que nos representamos cuando dormimos o que nos imaginamos despiertos.

[2] **soñar:** tener un sueño.

[3] **terrible:** que causa miedo, terror.

[4] **diario** *m.:* relato escrito día a día por una persona sobre su propia vida.

[5] **comprobar:** confirmar que una cosa es cierta.

[6] **loco:** que ha perdido la razón.

[7] **recuerdo** (*inf.:* **recordar**): tengo presente en la memoria.

[8] **enfermedad** *f.:* problema de salud.

[9] **quedarme:** estar, permanecer.

[10] **pastillas** *f.:* medicamento presentado por unidades y que se toma por boca.

[11] **novia** *f.:* chica con la que un chico tiene relaciones amorosas más o menos formales.

[12] **atropellada** (*inf.:* **atropellar**): alcanzada violentamente por un coche.

[13] **culpable** *m.* o *f.:* persona que ha cometido una falta, lo contrario de inocente.

[14] **peluca** *f.:* pelo postizo que las personas se ponen para ocultar la falta de cabello o para cambiar de aspecto.

[15] **venganza** *f.:* castigo que infligimos a una persona para contestar al daño que nos ha hecho.

VOCABULARY

The following is a glossary of the footnoted words and phrases found in *Soñar un crimen*. Translations are limited to the meaning within the particular context of the story.

m.: masculine, *f.:* feminine, *inf.:* infinitive.

Soñar un crimen: *To Dream a Crime*
1. **sueños** *m.: dreams.*
2. **soñar:** *to dream.*
3. **terrible:** *terrible.*
4. **diario** *m.: diary.*
5. **comprobar:** *to check.*
6. **loco:** *mad.*
7. **recuerdo** (*inf.:* **recordar**): *I remember.*
8. **enfermedad** *f.: illness.*
9. **quedarme:** *to stay.*
10. **pastillas** *f.: pills.*
11. **novia** *f.: girlfriend.*
12. **atropellada** (*inf.:* **atropellar**): *run over.*
13. **culpable** *m.* or *f.: guilty.*
14. **peluca** *f.: wig.*
15. **venganza** *f.: revenge.*

38

VOCABULAIRE

Ces notes proposent des traductions ou des équivalences qui n'épuisent pas le sens des mots ou expressions ci-dessous mais les expliquent dans le contexte particulier de *Soñar un crimen*.

m.: masculin, *f.:* féminin, *inf.:* infinitif.

Soñar un crimen: *Rêver un crime*

1. **sueños** *m.: rêves.*
2. **soñar:** *rêver.*
3. **terrible:** *terrible.*
4. **diario** *m.: journal intime.*
5. **comprobar:** *vérifier.*
6. **loco:** *fou.*
7. **recuerdo** (*inf.:* **recordar**): *je me rappelle.*
8. **enfermedad** *f.: maladie.*
9. **quedarme**: *rester.*
10. **pastillas** *f.: pilules.*
11. **novia** *f.: fiancée, amie.*
12. **atropellada** (*inf.:* **atropellar**): *écrasée, renversée.*
13. **culpable** *m.* ou *f.: coupable.*
14. **peluca** *f.: perruque.*
15. **venganza** *f.: vengeance.*

WORTSCHATZ

Die nachfolgenden Übersetzungen beziehen sich ausschließlich auf die konkrete Bedeutung des entsprechenden spanischen Ausdrucks und dessen Anwendung im Text *Soñar un crimen*.

m.: Maskulin, *f.*: Femenin, *inf.*: Infinitiv.

Soñar un crimen: *Das erträumte Verbrechen*
1. **sueños** *m.*: *Träume.*
2. **soñar:** *träumen.*
3. **terrible:** *schrecklich, furchtbar.*
4. **diario** *m.*: *Tagebuch.*
5. **para comprobar que no estoy loco:** *um herauszufinden, ob ich verrückt bin.*
6. **loco:** *verrückt.*
7. **recuerdo** (*inf.*: **recordar**): *ich erinnere mich an…*
8. **enfermedad** *f.*: *Krankheit.*
9. **quedarme:** *bleiben.*
10. **pastillas** *f.*: *Tabletten.*
11. **novia** *f.*: *(feste) Freundin.*
12. **atropellada** (*inf.*: **atropellar**): *überfahren* (Partizip II).
13. **culpable** *m.* und *f.*: *Schuldige.*
14. **peluca** *f.*: *Perücke.*
15. **venganza** *f.*: *Rache.*